成瘾
因素
扰乱个人日常生活
心理依赖
失控
失去兴趣
解决方案
怎样看
看
看多久
看什么
电视作为一种技术设备，以视觉语言直达并震撼观众的精神世界，在很大程度上影响了孩子的行为习惯和思考方式。
TV
积极方面
·了解世界的窗口
·有利于社交
·教育和学习语言
·帮助家长解决孩子的问题
Discovery
消极方面
·影响认知能力发展
·错误价值观输入
·造成家庭内部冲突
·影响孩子身心健康
电视
互联网
互联网本质上是一种交流和信息工具
善用、滥用，还是成瘾？
如何引导孩子正确使用互联网和

请扫码听语音解读

手机
持续和及时的沟通
必要的隐私性
彰显身份表达自我
实现独立
融合诸多需求
社会行为钝减
导致他们被社会孤立
手机的使用与滥用
在现实世界中出现沟通障碍
认识危险人物
更具攻击性
迫症
恐慌症
手机的不同"瘾"患
GAME 游戏玩家
短信成瘾
NEW 新款式成瘾
爱炫耀手机的人
SCE 手机开机综合征
时间限制
费用额度限制
延迟使用年龄
明确使用需求
基本行为准则
上网态度
·负责任
·适度
电子产品
电子游戏本身不是威胁，这取决于对它的使用和控制方式
替代
奖励
控制
电子游戏

第七堂课

如何引导孩子正确使用互联网和电子产品

[西]安德列斯·普越尔 ◎ 著　张曦 ◎ 译

世界图书出版公司

上海·西安·北京·广州

图书在版编目（CIP）数据

解决孩子成长难题的八堂国际训练课.第七堂课：如何引导孩子正确使用互联网和电子产品／（西）安德列斯·普越尔著；张曦译.—上海：上海世界图书出版公司，2020.6
　ISBN 978-7-5192-7317-0

　Ⅰ.①解… Ⅱ.①安…②张… Ⅲ.①儿童教育－家庭教育 Ⅳ.① G782

中国版本图书馆 CIP 数据核字（2020）第 032697 号

Edition © 2018 Editorial Sol90, Barcelona
Chinese Edition © 2020 granted exclusively to Beijing Qianqiu Zhiye Publishing Co. Ltd. by Editorial Sol90, Barcelona, Spain.
www.sol90.com
All Rights Reserved.
Rights licensing arranged by Zonesbridge Agency
www.zonesbridge.com

书　　名	第七堂课·如何引导孩子正确使用互联网和电子产品 Di-qi Tang Ke·Ruhe Yindao Haizi Zhengque Shiyong Hulianwang he Dianzi Chanpin
著　　者	［西］安德列斯·普越尔
译　　者	张　曦
责任编辑	吴柯茜
出版发行	上海世界图书出版公司
地　　址	上海市广中路 88 号 9-10 楼
邮　　编	200083
网　　址	http://www.wpcsh.com
经　　销	新华书店
印　　刷	天津丰富彩艺印刷有限公司
开　　本	787 mm × 1092 mm　1/16
印　　张	4.5
字　　数	62 千字
版　　次	2020 年 6 月第 1 版　2020 年 6 月第 1 次印刷
版权登记	图字 09-2019-1134 号
书　　号	ISBN 978-7-5192-7317-0／G·615
定　　价	25.00 元

版权所有　翻印必究
如发现印装质量问题，请拨打售后服务电话
（010-82838515）

目录

第一章 简介
2 / 简介

第二章 新的成瘾
6 / 目标

7 / 基本概念

8 / 心理成瘾

9 / 沉迷于新技术

第三章 电视
14 / 导言

15 / 基本概念

16 / 电视，孩子的老师

18 / 电视的利与弊

20 / 电视成瘾

22 / 解决方案

第四章 互联网
28 / 导言

29 / 基本概念

30 / 互联网的利与弊

32 / 善用、滥用，还是成瘾？

33 / 网络成瘾

38 / 当家长无能为力时，有什么积极的措施？

第五章　电子游戏

42 / 导言

43 / 电子游戏和孩子：情感和作用

45 / 电子游戏成瘾

48 / 当家长无能为力时，关于合理玩游戏的建议

第六章　手机

50 / 导言

51 / 孩子的好朋友

52 / 手机的使用和滥用——手机成瘾及其后果

55 / 基本行为准则

第七章　教育措施

58 / 导言

58 / 教育模式

第八章　家长提问

62 / 家长提问

参考书目

66 / 参考书目

第 一 章

简 介

简介

纵观20世纪，人类社会、政治和经济方面都经历了翻天覆地的变化。新型社交关系的建立、公民对更公平政治制度的追求——虽然并非屡试不爽——以及以人民的成长为导向的不同经济制度的设计和实施，在很大程度上决定了世界的发展。

近年来发生的技术革命无论给个人还是社会都带来了积极的影响，这些影响在很大程度上让我们的各个方面得到了解放。因此，随着新技术的发展，人与人之间的相处模式发生了变化，交流方式也发生了变化，获取信息的方式也发生了变化。新技术让我们变得更强大，因为我们可以了解得更多，可以更好地与那些我们可能素未谋面的人建立沟通。同时，新技术也让我们变得更渺小。我们面对的是一个不断变化的世界，一个为今天的年轻人设计的世界，而这个世界对成年人来说又是很难理解的。这是一个充满可能性的、让人喘不过气的世界；这是一个给予我们如此多力量的世界（信息、通讯、关系……），我们却时常无法掌控这些力量，最终会把自己变成剧院里的人偶。

我们认为特别重要的一点是这些新技术的引导功能。正如我们之前所说的，最受影响的群体是年轻人，他们是在这种入侵我们生活的技术洪流中出生和长大的，然而我们似乎无法阻止它，问题就在这里。年轻人是最具智慧的，是这些新技术的新先知。然而，我们不能忘记一点：他们很年轻，还在发育的过程中。在许多情况下，年轻人缺乏以健康和积极的方式来运用这些新技术所提供的力量的战略。

在大多数情况下，这些新技术的使用所带来的问题，无外乎只是花相对长的时间去打通最新游戏的新关卡，或者是我们手机账单的金额又高了一点。而随着玩游戏的时间越来越长，上网的时间越来越久，这些行为都变成一种无法控制的习惯时，问题就严重了。因为这意味着用户已经越过了正常使用和滥用之间的界限，对此成瘾了。

这本书的目标并非要妖魔化这些新技术，而是为家长提供一种指南，一方面，帮助他们更深入地了解这些电子产品，以及这些电子设备为什么对他们的孩子来说如此重要；另一方面，为家长提供基本的行动方针，以促进他们负责、积极地利用好这些工具。我们还将努力以一种简明的方式介绍一些沉迷于新技术的孩子的主要特点，以帮助家长尽快发现他们的孩子是否已经对这些新技术成瘾了。

在这本书的第二章中，我们将简要地讨论涉及新技术的"新瘾"或"心瘾"。我们将尝试介绍一些关于成瘾和依赖的基本概念，以及一些基本的治疗模式。

在接下来的章节中，我们将以一种特殊的方式来探讨那些"瘾"。

所以，我们先从电视开始，这是最先进入我们家庭的新技术，也是最难以列为容易成瘾的科技产品。我们将讨论电视的一些基本功能，讨论它的积极和消极方面，并最终尝试提出一系列基本的指导方针，让电视从一个家庭的一分子变成真正的以娱乐和信息为导向的家电。

在接下来一章，我们将主要探讨互联网，这或许是一项最危险和最容易成瘾的新技术，但同时也是最有用和最有趣的新技术。互联网汇集了我们人类发展所需的一切，它满足了我们的诸多需求（安全、情感、关系、自尊……），还为我们提供了无穷无尽的信息。问题是，所有这些信息都是我们通过电脑屏幕访问虚拟世界获得的。正如我们所看到的，这种轻而易举便可获得信息的特性是使其更具备成瘾潜力的因素之一。在这一章我们将力求以客观的方式来处理这一网络问题，揭示其全部的潜力和风险，并试图提供一系列基本模式，以便家长尽可能降低其中的风险，同时将其收益最大化。

在接下来的章节中，我们将讨论电子游戏。关于这个行业有很多争议。它每年会导致数十亿资金流动。它有极端的支持者和强烈的批评者，也充斥着暴力和超现实元素。从历史上看，事实是，它是所有年轻人（如今不那么年轻了）最喜欢的娱乐之一，因此它太容易被滥用了。利用这些游戏，或者更确切地说，负责任的消费——特别是当我们参考一系列基本的使用模式时——并没有任何困难。

手机是这本书的"客串大明星",我们孩子的"新朋友"。手机拥有孩子所需要的一切（或他们认为自己需要的）：交流、游戏、时尚、身份等。最可怕的是,大多数的家长也认为这是一种有助于他们控制孩子的必要手段。手机最大的危险就在于：它可能是社会上最受欢迎的成瘾对象。因为人们认为手机对家庭产生了积极的影响,因为人们更愿意相信手机促进了家庭成员之间的交流。

第七章我们主要介绍如何有效地避免孩子对这些新技术的沉迷。我们将收集一些基本的指导方针,以指导家长教育孩子负责任地使用和消费这些新技术,并简要总结一些基本的策略,以应对我们的孩子已经出现的对新技术沉迷的问题。

在最后一章中,正如本套丛书的惯例,我们会针对与新技术的使用有关的真实案例提出一系列的问题,并给予解答。

第二章

新的成瘾

目标

正如我们之前所说，20世纪（以及21世纪）以重大的经济、政治和社会变革为标志。新技术进入日常生活是变革的主要因素之一。通信的进步，使我们能够更轻松、便捷地获取关于不同的新文化的信息，这导致了人际关系不同方面的积极变化：从可能与住在地球另一端的人建立联系，到能够与我们多年未见的老同学再次重逢。

凡事有利必其弊。我们可以很轻松地获得如此多的信息，只需轻点一下屏幕就可以建立私人关系。只要你想得到的信息，基本都可以得到。但在某些情况下，新技术导致了一系列的病症，它们是非物质性的成瘾，一些专家称其为行为方面的"成瘾"。

其中包括沉迷于游戏、性、食物、购物、工作，以及正如这本书的书名所示，对于互联网和电子产品的沉迷（如电视、电子游戏和手机等）。

通过这一章，我们将试图解释这类成瘾的本质，尽管它们是由不同的成瘾因素所导致的，但它们具有一系列共同的特征。失去控制、依赖或戒断综合征是导致此类成瘾现象存在的一些因素。

在后面的章节中，我们将通过研究它们的实体（计算机、手机、控制台……），集中探讨对新信息和通信技术的沉迷的问题。这些新技术在我们的日常生活中越来越普遍，甚至开始成为令人担忧的因素。

所有这些成瘾现象都是由一些共同的因素所导致的，也都是以同样的方式存在的：使用户失去个人的自由，沉迷于此、为此而活。因此，为了控制这种成瘾，我们必须采取的措施并不是去丢弃那些导致成瘾的设备，而是重新获得随时随地使用这些设备的自由。

基本概念

任何成瘾的基本成因都包括失控和依赖。我们的意思是，任何患有成瘾的人，无论是对于一种物质（烟草、酒精、可卡因、大麻、海洛因等），还是对于一种行为（上网、购物、玩老虎机等），都会表现出这些基本特征。

一方面，一个成瘾者，无论他再怎么努力控制，面对成瘾对象（无论是对成瘾对象的用量还是投入其中的时间）都只能感到无能为力；另一方面，他会对那个成瘾对象产生依赖。因此，他的生活将围绕着这个成瘾对象而展开（无论是购买毒品，还是充值更多的金币来继续玩游戏）。

依赖是一个非常复杂的概念，因为它涉及人的不同层面。

行为层面：寻找一种物质或重复某一特定行为。

心理层面：成瘾者的注意力会完全被成瘾对象所吸引，同时忽视其他重要的方面。

这个后果对一个人生活的整体运转产生了非常严重的影响。我们必须强调一个事实：似乎让人产生依赖的并不是毒品或者某个行为，而是主体（使用者）、对象（成瘾的物品或行为）和这两者身处的背景环境之间的某种相互作用。因此，主体赋予成瘾对象的权力在很大程度上决定其成瘾与否。

因此我们讲的依赖，实际上指的就是一个人对于实现某种欲望的主观性。对于依赖，众多科学家们都曾试图给出有效的定义，我们引用世界卫生组织在1992年的说法："依赖是一种对于摄入某种物质（我们在此加以补充：对实施某种行为）既强烈又无法控制的欲望。"这个概念也涉及耐受性和戒断，我们认为有必要跟大家说明这两个成瘾领域中的术语，因为我们相信它们是理解一切成瘾过程的关键所在。耐受性意味着主体越来越需要摄入某种物质或开展某种行为才能感觉良好。戒断则指的是主体在不采取行动或不摄入物质时所感受的不适感。

最后，任何正常的行为都可能因为它在人们日常生活中出现的强度、频率和干扰程度而变得异常。任何行为，尤其是那些令人愉悦的、让人渴望再次经历的行为，都很容易让人对它成瘾。

当一种令人愉悦的行为具备以下4个关键因素时，便可以从习惯转变为成瘾。

失控：明知有负面影响，但使用者仍继续尝试。

强烈的心理依赖：在使用者的脑海中挥之不去。

失去兴趣：让使用者对其他活动失去原有的兴趣。

严重扰乱个人日常生活：身体方面（忽视卫生或身材）以及交际层面（与朋友或家人断绝联络）。

心理成瘾

药物依赖通常被归为化学成瘾的范畴。但目前依旧缺乏足够的信息来确认"心理成瘾"这一提法。这类成瘾包含一系列的行为，并通过强度、频率或带来的满足感对个人的生活造成负面的影响。其中包括不健康的游戏、性成瘾、购物癖、食物成瘾、工作癖、电话成瘾、沉迷于互联网或者体育锻炼等。

所有这些潜在的可能成瘾的行为都是由积极的强化因素开始形成的。"我们开展这些行为，因为这些行为能带给我们满足感，这对我们就像是一种奖励。"但是，这些行为最终还是会被一些消极的因素所控制：当主体不这样做的时候，会感觉很难受。同时，这些行为最终会导致主体对于开展这个行为充满不可抑制的渴望，他会冲动且不顾一切地设法开展这个行为，同时失去了对其他任何事情原本的兴趣（正如我们之前所讨论的那样）。

所有这些心理成瘾，同化学成瘾一样，都有一个共同的称呼，即便我们之前已经提到过，但还是有必要再次强调一番："戒断综合征"。这种综合征最终会导致成瘾强制地占据主体的生活。

这种综合征的基本特征如下。

对开展某一行为有强烈的欲望。通常,这种欲望对主体来说无疑是有害的。

随着即将开展这个行为,主体会越发地感到紧张,直到完成该行为后这种紧张感才会消失。

在开展这个行为时,主体的紧张感会暂时消失,就像喝一杯水来解渴一样。

特定的情境或物体会再次引起主体的紧张感(比如电脑开机的声音,或者朋友手机上收到信息的提示音)。

这种成瘾的"积极方面"是:只有在极少数情况下,同一个主体才会同时对不同的对象产生心理依赖,也就是说,几乎没有所谓的"多瘾君子"(同时对不同的物质成瘾);另外,心理成瘾者接受治疗的动力似乎也比那些化学成瘾者要强。

沉迷于新技术

正如前面所述,我们认为"新成瘾"这个概念包括所有对非化学物质的依赖。因此,在这种情况下,依赖对象是某一类合法的、被社会接受的活动(在手机上聊天、上网聊天或玩电子游戏)。

如今,新技术正飞速发展着,人们围绕这类产品的消费欲(各种科技产品的广告扑面而来)日益膨胀。我们错误地认为只有依赖各种设备才能存活在这个全球化的世界里。它们赋予我们巨大的力量,使我们成为率先拥有或者了解最新款式的设备的人,加以这些设备的迷人特性——有些人称为"汇聚型力量"(将操控不同性质的信息方式,如拨打电话、听音乐、拍照或者看电视,汇集于同一个科技产品对象的大趋势)——这些新的科技变成了大人、小孩的欲望对象。如果我们不能够客观认识这一点,它们随时也会变成难以根治的"成瘾对象",就像我们前面描述的那样，最终成为我们日常生活的一部分。

新技术打造出了那些被称为"数字一代""@一代"或"com一代"的年轻人的成长环境。这一代人无须经过事先了解，便可以轻松地在保持多个聊天的同时，下载歌曲并在手机上打电话。他们形成了自己的文化，在这种文化中，最新的手机型号和在某个游戏中达到的级别代表他们在同龄群体中的地位。

另外，这些新技术及其应用使家长和孩子之间产生了不可逾越的代沟。正如一些专家指出的那样，最极端的数字成瘾案例发生在新技术最普及的国家。例如，在美国，人们用"Screenagers"来指代那些10到20岁的青少年，因为他们在电视和电脑屏幕前花费掉大量时间。

我们在日本发现的最极端的一群青少年的例子被称为"Hikikomori"。他们把自己锁在房间里，一待就是几个月，几乎失去了与外界的联系。这些青少年开始在他们的房间里创造他们自己的王国——被称为"卧室文化"——在那里他们大部分时间是在电子设备的包围中度过的。

与此同时，家长应该阅读并理解莱奥波尔迪娜·福尔图纳蒂和安娜·玛丽亚·马尼亚内利的话。

> 当今家长所肩负的众多职责中包括一种坚定的信念，即不仅要确保孩子接受良好的教育和引导，而且也要让他们在使用通信和信息技术方面具备相应的技能和竞争力。

现在是家长与孩子一起学习理解和分享这个新技术世界的时候了，毫无疑问，这些技术将伴随他们一生。

然而，我们对于下一代年轻人的未来和新技术的发展趋势的预测却并不乐观。

经常上网的未成年人中，透露过他们的电话号码的占32%，遭到过性骚扰的占44%。

14.5%的未成年人表示通过互联网与陌生人约会过。

28%的未成年人浏览过色情网站，19%的受访者偶尔这样做，9%的受访者表示经常这样做。

我们并不想用这些数据制造社会危机感，然后提醒所有的家长要坚决限制孩子的上网次数以及使用手机次数。实际上，互联网无论是作为一种娱乐方式还是信息来源，都是非常有用的工具。此外，无论我们是否愿意，手机都已经成为年轻人之间建立和维持社交关系的必要工具。家长只有采取以预防为导向的教育方式才能避免孩子受到更大的伤害。

无论怎样，我们会尽力为各位家长描述什么是对信息和通信技术成瘾。我们将跟随安东尼奥·卡斯塔诺斯的脚步，指出这种成瘾与药物成瘾之间共有的3种核心症状。

无法控制或无能为力：即使主体试图控制它，这个行为也依然会照常发生，而且主体无法根据自己的意愿停止这个行为。

心理依赖：对某个行为有着一种不可抗拒的欲望，且在行动之前感到强烈的紧张。

对主体的日常生活产生严重的负面影响。

我们归纳的其他症状包括以下几点。

耐受性和戒断综合征。

情绪的严重变化，行动前的紧张和行动过后的解脱。

在行动中感到欣快和恍惚。

否认成瘾。主体通常否认在屏幕前度过很长时间，或者尽量弱化这一行为对他的影响。

当主体意识到自己无法控制自己的行为时，会感到内疚。例如，当主体无法控制自己上网的行为的时候会很沮丧。

综上所述，我们认为有必要强调以下几点。

所有的成瘾最终一定会毁掉那些成瘾者及其周围的人的生活。

心理成瘾并非药物引起的。它是因特定行为而产生的快乐或内疚的主观体验。即便主体受到了伤害,也无法从中解脱。

心理成瘾是通过重复原本令人愉快的行为而形成的。

所有的心理成瘾都与个体自我控制能力弱以及缺乏对冲动的控制有关。

成瘾者对他们成瘾的事实予以否认或因此撒谎,他们周围的人必须意识到事情的异样。意志消沉、关系破裂和无节制的花费是一些异常的表现。

克服心理成瘾的方法是承认问题,接受治疗,并通过开展其他能够带来成就感的活动来重新安排自己的生活。

上文已经对心理成瘾,特别是新技术成瘾进行了概述。接下来我们会更详尽地逐一加以分析和说明,它们各有不同的成因,这些因素可能会成为当代年轻人都会面临的潜在的风险。接下来,我们将从我们家庭里的一位不可或缺的成员——电视开始。

第三章

电视

导言

电视应该是我们在本书中所提到的最有年代感、最著名的技术设备。因此，其他技术设备的年龄跨度并不像电视这样大。这正是我们认为它最危险的原因。

现在很难找到没有电视的家庭，而且大部分家庭都有不止一台电视。它已经融入我们的家庭中，被摆放在最受瞩目的地方，看电视是大多数家庭最常见的活动，也是最早开始的活动。

电视的便捷性、舒适性和无须烦琐操作即可为大家带来满足感的特性，使它成为所有家庭中最受青睐的设备之一。

如今，看电视已经成为数百万人最喜欢的娱乐活动。我们可以通过数据轻松、明了地证明这一点。

普通的美国人，到他65岁的时候，大约已经花了15年的时间坐在电视机前。

人们每天平均6个小时的空闲时间中，58%的时间被用来看电视。其余的，相当一部分时间被用来购买以及使用那些电视广告中推销的产品。

孩子把2/3的空闲时间都花在看电视上。70%的孩子是独自收看电视节目的，并且他们收看电视节目的时间段也往往并不符合他们的年龄要求。

孩子的问题与家长的态度有很大的关系。一方面，当孩子看到家长回家后做的第一件事就是打开电视，他们当然也会这么做。家长不应该忘记自己永远是孩子的榜样。

另一方面，往往是家长自己让孩子坐到电视机前的，家长这样做也许只是为了使自己做其他事情的时候不分散注意力或者不让孩子打扰他们。那么，家长这样做孩子会怎么想呢？

我们将在这一章就以上这些问题展开讨论，首先会说明一些电视对人和人际关系的影响的基本概念。我们将讨论电视节目对于孩子的潜在的巨大的教育力量（社会化力量），接着将会为大家分析电视对家长和孩子的生活有着哪些积极和消极的影响，随后，也会讨论一直饱受争议的"电视成瘾"问题。最后，我们会给各位家长提出一系列的普遍指导方针，以确保收看电视这一日常行为不会对家长和孩子产生负面影响。

基本概念

电视节目，作为一种文化产品，很少受到人们批评。除了一些关于节目质量过低，某些电视台在他们的节目中植入的广告数量太多，以及某某节目的政治气息过浓等诸如此类的评论外，极少有人去深入研究电视节目消费可能带来的影响。

我们大多忘记了电视在我们生活中所拥有的巨大力量，尤其是在我们生活中的表现。在许多情况下，电视不仅能够削弱我们家庭内部的关系（大多数家庭用晚餐的时候都热衷看喜爱的电视节目），而且还可以让人远离健康的活动（比起锻炼身体我们更乐意看电影）。此外，电视也会限制我们的智力发展（比起读小说，看电视要轻松得多）。

电视有能力创造一个比日常现实看上去更真实的虚拟现实，这无疑会影响我们的感知和判断。由此一来，电视摇身一变成为了我们验证现实的标尺（电视上没出现过的东西就不存在）。电视也决定了人们应对某些情况的行为方式。正如费尔南多·森布拉诺斯所说："电视上出什么新奇的东西，孩子就玩什么，甚至成年人也倾向于模仿他们最喜欢的电影中主角所用的方式来解决现实生活中的冲突。"

此外，电视对现实的各个方面都赋予了很强的还原主义色彩，所以我们只能看到那些被拍摄下来的东西，而且它的确足够有趣，这样才足以牢牢吸引住我们的注意力。

电视作为一种技术设备，其使命在于吸引我们的注意力。因此，它每秒输出的图像比其他任何元素都要多。电视的这个特点，再加上为了吸引观众设计出来的大量不同的刺激因素（如场景切换、变焦、广告音量提高等），让孩子和成人陷入了一种几乎无法把眼睛从屏幕上移开的催眠状态。

正如我们接下来会看到的，问题最严重的地方在于孩子更喜欢看电视而不是去做他们这个年龄更适合、更应该去做的活动。孩子对于使用电视的积极态度是家长要面临的最大问题之一。电视发送的信息类型，以及其中隐含的价值观，可能会对孩子的教育和发展产生负面影响。一方面，它可能会干扰家长教育孩子的模式。另一方面，它可能会让孩子去面对一些他还不具备能力去面对的现实生活中的情况，如暴力冲突、性交、虐待等。

家长对于看电视的态度（总是主动积极的）可能会影响孩子的身心发展。

接下来，让我们将注意力集中到电视对孩子的影响以及它作为社交媒介的能力这两方面吧。

电视，孩子的老师

从孩子出生的那一刻起，他们就开始了学习和成长。他们必须学会解读和处理周围的形状和环境，辨别它们、分析它们……

当孩子接触电视时，这个过程就变得复杂了。原因正如我们在前面所提到的，电视能够带给孩子比周围其他的因素更强的刺激，更引人注目。图像对孩子有很大的吸引力，随着孩子的成长，图像和文字会逐渐形成一个对孩子非常有吸引力的世界，以至于孩子很难从中转移注意力。

一个孩子的社会化是非常重要的，它是指孩子对社会规则的内在适应性。这一过程将在很大程度上决定孩子如何在他所生活的社会中顺利成长。直到几十年前，家庭、学校和朋友一直是孩子最主要的社会化媒介，然而，现在电视已经一跃成为这一过程当中的主要角色。

电视对孩子的影响一方面在于他们看电视的时间，另一方面在于他们所看到的内容的累积效应。因此可以说，孩子长大后所拥有的世界观在很大程度上来源于他们一直以来在电视上经历过的"生活"。

电视最大的社会化属性在于图像。视觉语言是一种情感语言。图像能够跳过一切理性的过滤，直达并震撼观众的精神世界，这在很大程度上决定了孩子的行为习惯和思考方式。

因此，那些在历史的长河中代代相传的、人们用来理解世界的社会象征现在经过少数人设计后，被直接灌输到了孩子的脑海中，而我们的孩子甚至还不具备筛选这些信息的能力。

费尔南多·森布拉诺斯在他发表的关于电视节目的文章中向我们说明了这种简化现实的一些负面特征。

电视节目给观众们灌输的是一些充斥着各种形容词却缺乏道理的内容，这些内容理解起来很轻松但却经不起推敲。这就是电视节目，它追求的恰恰是建立情感的平衡，而并非理性的融洽。这一点，对于此时尚不能正确理解感情的孩子来说，可能会造成灾难性的后果。

无须向观众说明过程，电视节目能够通过提供及时奖励的方式来讨好观众。电视节目中强调的是只要付出就会立即获得回报，而不是通过长期的努力来获得回报。

电视节目能够扭曲现实或者将任何一种社会的象征娱乐化。

电视节目对孩子的社会和精神道德方面的发展有很大的影响。

电视节目倾向于按照其背后的利益塑造在几代人当中发扬的社会和道德价值观，也就是说，基于经营这些大型电视台的背后的权力集团的意愿。

电视节目越来越频繁地宣扬我们所处的消费主义社会中的享乐主义和唯物主义价值观，这直接影响着观众的消费习惯和其相互间的社会关系。

电视节目中隐性或显性的暴力倾向可能会对孩子未来的人际关系方

面产生悲剧性的影响。

多项研究表明，孩子如果从电视上看到了大量的暴力元素，这对他们的心态将会产生极坏的影响。当然电视中频繁出现的暴力场景还有可能会对年幼的孩子产生创伤性的影响。另外，暴力对儿童具有累积效应，随着孩子年龄的增长，其影响会越来越明显。

孩子在一些节目中看到的反社会行为会使他们对其身处的社会阶层或同龄人的看法产生偏差，从而造成一定的影响。

最后，在性方面，有些节目揭示了成年人的私生活。其中影射了一种消遣式的性行为，甚至暗含性只是一种娱乐，人们无须对性行为负责的意思。娱乐节目并没有义务对青少年进行性教育，那些节目从未打算将性理性化，而是将其作为一种生理需求来调侃。

正如我们所看到的，电视在教育孩子方面有很大的影响力，家长让孩子在电视机前花的时间越多，这种影响力就越大，尤其是在没有家长陪伴的情况下，或者是在他们的年龄不适合长时间收看电视的情况下。电视可以是一位出色的保姆，但它也可能摇身一变成为一群暴徒的头领、一位肆无忌惮的富商，或者一名臭名昭著的连环杀手。

我们有能力剥去这台机器的伪装，有能力通过建设性的批评来抵抗并战胜这位大敌以保持健康均衡的教育，有能力在现实世界和电视上的虚拟世界之间划清界限。

电视的利与弊

人们批评电视很容易。正如我们所看到的，电视影响力非凡，且掌控在少数人手中，这很容易得罪大多数人。然而，电视在某些方面也是积极的。我们不能忘记电视是大多数人都能拥有的一种媒介，因此它可以是一种很好的信息载体。此外，即使对最年幼的孩子来说，使用电视都非常容易。虽然这样简单的操作意味着一种风险，但同时它在教育方面是非常有益的。

电视积极的方面有以下几点。

它是一种被所有人青睐的信息媒介。

它特别适合6岁以下的儿童,因为他们大多还不具备阅读能力。

它也特别适合农村和贫困地区以及身处特殊环境的孩子,他们能通过电视获得源源不断的激励和一扇了解世界的窗口。有趣的是,在这个社会阶层中,成绩比较优异的学生往往是那些看电视比较多的孩子。

它是一个重要的个人社交媒介,若是以积极的方式加以引导,则可以塑造出对社会负责任且有信用的公民。

一些被称为"设计类"的教育节目(如少儿探索、迪士尼频道……),似乎对学前教育或高等课程都有积极的影响。

电视是孩子学习词汇过程中的一个出色的老师,在帮助孩子学习新的语言方面也是如此。

电视可以帮助家长有效地解决问题或者向孩子说明情况。通过电视,家长可以解决那些困扰孩子的问题,比如一位敬爱的人去世了、婚姻的破裂或者生活中的变数。

另一方面,电视节目也伴随一系列的负面影响,其中许多虽已经在前面提到过,但我们认为仍有必要再次强调。

相比开展其他活动,孩子会更倾向于看电视,而这会影响孩子和年轻人的认知能力发展(由于图像直接进入他们的大脑,孩子根本无须任何努力就可以理解)。电视也会影响青少年的社会化过程。比如,他们宁愿在家看电视,也不愿和朋友一起出去玩。

在许多情况下,电视上会有不适合孩子年龄观看的信息,这些信息与家长想要传达给他们的教育内容背道而驰。

在许多情况下,电视是造成家庭内部冲突的根源。大家或许都与别人争抢过遥控器吧。而哪一位家长没经历过因为孩子想要在不合适的时间看电视或者想要比说好的时间多看一会儿电视而大发脾气呢?

早期的电视成瘾会导致孩子注意力不集中、专注力障碍、持续疲劳和身体缺陷（如孩子超重、因长时间看电视而引发的视觉病症等）。

大多数情况下，孩子的学习成绩与他在电视机前消耗的时间成反比。

通常，由于电视具有简化现实的特性，所以可能会传达出与家庭环境所处的现实大相径庭的道理和价值观。

在许多情况下，电视可能会激发孩子对性行为过早地产生兴趣。这种性行为是不成熟的，只是为了满足生理需求，而不是基于感情的。

电视过多的信息会令孩子很快就会感到疲劳，有时也会引起孩子过度兴奋，从而造成他们的饮食和睡眠出现问题。

正如我们所见，电视的负面影响远超过其积极的影响。然而，如果我们适当地注意一下，我们是可以通过一些基本的教育措施使其负面影响最小化的，这些措施也会让我们能够畅想这一媒介带来的益处。

电视成瘾

我们每天会花大约3个小时坐在电视机前。在某些极端情况下，这个时间会翻倍。基于此，我们很难把滥用行为归类为"成瘾"。即使使用电视的频率再高，只要它没有达到影响孩子生活的程度，我们就不能认为这属于成瘾。当人们看电视的习惯从一种欲望变成一种必需品的时候，它就成了一种瘾。讨论电视成瘾的关键是孩子是否无法自主控制看电视的时间。我们将那些对看电视有迫切需求，以至于不管怎样努力去抵制这个欲望也无法控制它的人视为"瘾君子"。当发现孩子变得更加自闭，就好像忘记了他的朋友们和爱好，甚至因为看电视耽误了午餐或晚餐，以免错过他最喜欢的节目时，我们就不得不开始担心了。

为了验证孩子是否对电视已经成瘾，玛利亚·路易莎·费雷罗斯开发了一个简单的测试，接下来我们来为大家说明一下这个测试。家长通过回答下面的问题，同时参考最终的得分，便会得知孩子对电视成瘾的程度。

（1）孩子是否起床后就立刻要看动画片？

（2）孩子是否边看电视边吃早餐？

（3）孩子是否从学校回来后就立即去看他最喜欢的节目？

（4）孩子最喜欢的活动是看电视吗？

（5）当你们给孩子提出一个有趣的周末计划时，他是否更愿意待在家里，或者是否愿意让他的朋友来家里找他呢？

（6）孩子总是有一千个理由霸占着正对着电视的沙发吗？

（7）在孩子最爱的节目结束之前，他会不会去睡觉呢？

（8）孩子是否几乎能背下来电视节目的所有台词？他是否知道所有角色的故事？

（9）孩子要你们给他买与电视和电影相关的杂志吗？

（10）孩子是否希望圣诞老人送他一台电视，甚至让你们在车里安装一台电视呢？

以上题目，每一个肯定的答案都得1分，得分越高，孩子对电视成瘾的程度越高。

0分：这在孩子中并不常见，但它可能意味着孩子的生活已经被很多其他的日常活动占据了。

得分在1到3分之间：孩子对电视感兴趣的程度是正常的。

得分在4到7分之间：家长必须开始控制孩子看电视的时间了，以防止孩子因无法实现虚拟世界和现实世界间角色的转换而出现认知扭曲。

得分超过8分：孩子已经表现出对电视成瘾的所有症状，家长必须立刻着手帮他恢复正常。

电视成瘾是逐渐形成的，所以家长必须密切关注孩子这方面的迹象。电视成瘾的发展总是会同时减弱孩子对其他活动的积极性和责任感，比如学业、家庭关系或个人的活跃程度，当他在观看他最喜欢的节目（通常包括所有节目）时，会变得越来越冷漠或者易怒。

为什么电视具备这么强的吸引力呢？我们在前面已经提到过，电视引发的刺激会比我们身边的其他因素要强得多。此外，那些电视制作人的

"管用技巧"（切换画面、增加音量……）也放大了这种吸引力。电视提供的信息能够满足人们的基本需求（如好奇心、新鲜事物等）和某些具有社会性的动机，从而能够激活人们某些神经系统的反应。人们只需最低限度的努力（只要按下遥控器的按钮）而无须繁重的脑力劳动就能换来很强的满足感，这使得我们即使长时间收看电视也不会感到疲惫。当我们不愿思考太多的时候，电视能够帮助我们忘掉烦恼。与此同时，我们可以找到我们喜欢的电视节目，这些节目能够让我们开怀大笑，使我们深陷其中，甚至能够给我们带来很强的满足感。

几项研究表明了我们这里所讲的电视瘾君子的特点。一份由卡斯特利斯和博法鲁利在2002年完成的研究明确地说明了这些人的基本特征。

相比普通观众，他们看的电视要多很多。

他们把电视当作镇静剂，而不仅仅是单纯的娱乐活动。

他们很少或者几乎不选择别人想看的节目（经常跳过广告）。

他们自认为无法控制自己观看电视的时间。

他们在收看节目的时候会感到轻松，但随后会比收看节目前感觉更糟。

他们对自己看这么多电视感到很不满。

当他们被剥夺了看电视的权利时，会感到很沮丧。

解决方案

考虑到那些关于电视的使用（滥用）的数据，我们在努力让看电视这一活动成为一种真正对健康有益的休闲活动时，必须思考以下3个基本问题。

怎样看：

收看方式（开着灯和正确的姿势）；

收看时间（按照与孩子年龄对应的合适的时间）；

孩子应在成年人陪伴下收看。

看多久：

限制孩子观看电视的时间。孩子不要因为没有重要的事情做，就把整个下午都花在电视机前，漫无目的地切换电视节目。

看什么：

选择合适的电视节目。家长应该利用这些电视节目让孩子养成一种批判性的意识，这是至关重要的，然后再让孩子观看适合他们的年龄的节目，让他们形成自己对于世界的思考。

孩子从小就学会了看电视，这正是我们这些大人教会他们的。不得不承认，很多时候，把孩子放在电视机前，这样家长干别的事就不会被打扰。或者家长一回到家就打开电视。那么，孩子从这些行为中会学到什么？每当他从学校回到家就学着家长打开电视，却并不知道为什么要这样做。不知不觉中，家长已经使孩子养成了越来越难以根除的坏习惯。甚至有些孩子不看到他最喜欢的节目就不吃饭，因为当他还是婴儿的时候，就会被家长放在电视机前，这样家长就可以借助动画片分散孩子的注意力以方便喂食。因此，对未来一代观众教育的核心任务变成了防止他们对电视成瘾。

各种各样的教育模式能够教育家长和孩子以一种健康的方式看电视。家长要保持必要的批判性精神来面对电视可怕的社会化能力。

家长必须有选择性地观看电视：打开它就是为了收看喜爱的节目，而不是切换不同的频道漫无目的地"浏览"来寻找要看的节目。

家长必须避免在电视机前花费太多的时间，因为孩子也会模仿你们在电视机前花费很多时间。

在看电视的时候，家长必须培养孩子的批判精神。家长自己首先不要轻易接受电视传达的肤浅的信息，要对自己所看到的一切保持客观的态度，然后帮助孩子去了解关于这些信息的真相。

卡斯特利斯和博法鲁利在2002年提供了一系列关于如何正确看电视的指导方法。

（1）建议在家中观看电视：电视促进了家庭成员间的凝聚力，加强了家庭成员间关于电视节目内容的批判和教育性的讨论。

　　（2）不建议孩子独自收看电视：这样做会强化孩子的孤僻人格，加重他的压抑心理。并且，电视也不应该成为孩子的"电子保姆"。

　　（3）孩子在吃饭时不要看电视：这样不利于消化而且还会破坏家庭交流的氛围。

　　（4）要避免孩子因为看电视而晚睡，尤其是在非假期时段，无节制的收看电视会导致孩子睡眠障碍并引发学习成绩下滑。

　　（5）不要在孩子正在收看一个有趣的节目或电影中途让孩子上床睡觉，最好是让他看完，或者在节目开始前就让孩子去睡觉。

　　（6）家长和教育者们务必提前选择好电视节目，特别是当孩子还小的时候。等孩子长大后，家长可以和他一起选择节目。

　　（7）家长要鼓励孩子在看电视节目的时候发表观点，不要对他说"闭上你的嘴，看就行"这样的话，而是要跟他主动交流，帮助孩子理解他所看到的内容。

　　（8）家长和教育者们应该主动去评价甚至批评电视节目的空档，例如，提醒孩子注意广告的影响。

　　（9）家长要控制孩子看电视的时间，这样孩子就有时间做其他的事情了。根据年龄，孩子看电视的时间一般每天不超过1到2个小时，在工作日最好不要看。

　　（10）家长和教育者们不应忘记你们自己收看电视的习惯会被孩子所模仿：你们必须知道何时应关掉电视去做更值得做的事情。

　　平衡电视与孩子之间关系的基本方法如下。

　　家长应让孩子知道什么时候可以打开电视，什么时候应该关上电视。看电视也只不过是一种活动，它不应该成为一种满足一切需求的资源。家长必须限制孩子收看电视节目的时间。

　　设定收看电视时限。孩子不应该在睡前看电视（至少提前45分钟），家长应确保自己的声音是孩子睡觉前听到的最后的声音。因为家长的声音可以让孩子安静下来，从而有效缓解睡眠障碍或减少噩梦。

12岁以下的孩子必须经过家长的允许才能看电视，就像他们必须获得家长的允许才能外出一样。这将极大地限制孩子观看电视的舒适性，同时也可以促进孩子创造力的发展，因为这一举动将引导孩子主动地寻找替代方案。限制孩子看电视还可以帮助家长了解孩子看到了什么内容，他们想要看什么，这将为随后的平衡奠定基础。

不要让孩子在上学前看电视：面对老师在黑板前枯燥无聊的解释，电视给孩子带来的刺激是无法估量的，因此孩子上学前看电视会降低他们的专注力和学习能力。

让孩子在看电视的时候说话。孩子才是家长生活真正的中心，不应该让孩子觉得当电视打开时，他们就应该保持沉默。

遥控器应该一直由家长来掌控，但当着孩子的面，家长可以和孩子一起选择喜爱的节目。如果孩子和你们一起看电视，你们应该选择适合他们年龄的儿童节目，同他们一起观看。

这些基本的平衡方法会让孩子成为有责任心的观众，从而降低电视对他们的负面影响。

有效平衡的基本条件包括以下几点。

改变电视的摆放位置，不要将其摆在吸引所有人注意的地方（比如客厅、厨房……）。

避免孩子独自收看电视节目，这也是积极引导、实现平衡的良好措施。

关注孩子感兴趣的电视节目，甚至可以对这些节目进行一些评价，这有助于家长与孩子建立更多的信任。

可用录像设备把大家都喜爱的但是孩子无法收看的节目录制下来。

适当调低广告的音量。

永远不要打开电视然后去做别的事情，避免让它成为背景声音。

第四章

互联网

导言

互联网已经从最开始美国军方才能使用的高度机密的通信系统转变为新信息社会的基本支柱之一。

统计数据显示，全球有超过16亿互联网用户，在北美有2.5亿互联网用户。互联网因其更多、更好、更快的信息获得，易用和通信的便利性，以及能提供源源不断的教育和休闲资源，大大提高了人们的生活质量。

但事物有利就有弊，互联网更是如此。在一个虚拟现实的新世界里，一切皆有可能。互联网就像一座提供无限可能性的大城市一样，也有"郊区"（消极的方面以及其衍生的诸多风险）。如果我们对它不是很了解，那么它可能会对我们和孩子的生活产生负面影响。

总的来看，互联网包含了大量信息，它具有的给人们提供的无限可能性及匿名性的特点，都是不同"瘾"患的最佳滋生地（对性、消费、人际关系，或者是无穷信息来源的网络本身成瘾）。

在这一章，我们将努力为大家说明这种新信息技术，同时介绍一些相关的基本概念，这些概念能够帮助我们更好地理解互联网的运作机制，以及它为我们带来的机会。我们将为大家揭示这个巨大的信息"蜘蛛网"的益处，当然我们也会说明它的缺点。

我们会对互联网成瘾这个令人困扰的问题进行说明。最后，我们会为各位家长提供一系列基本指导方针，以降低互联网给孩子带来的风险。

正如鲍里斯·比利亚努埃瓦先生所说，标准互联网用户的平均年龄约为26岁，其中10%的用户还未满18岁。据估计，互联网通过电话、光纤或卫星连接了超过1600万个网络，已拥有超过17亿的用户，其增长速度也是呈指数级的。

对于一个具有多重潜力和风险的全球网络，我们若是不学会对它加以利用，它最终可能会反过来控制我们。

基本概念

正如我们所看到的，互联网是由一个共享全球数据和资源的计算机网络组成的。从通信的角度来看，它允许建立虚拟群组和社区，人们在其中可以建立以其他任何方式都无法实现的远程联系。信息方面，互联网让我们能够通过交换和访问获取有关各种主题的各种信息。

为此，互联网提供了各种各样的工具和应用程序，它允许上网者与计算机进行交互，并访问网络中所包含的信息。

（1）Web浏览器：它是允许我们访问Web页面并查看其包含信息的程序（比如Internet Explorer、Firefox、Opera等）。它以超文本的形式呈现。超文本允许我们从一个页面跳转到另一个我们感兴趣的页面，这一切只需用鼠标点击给出的链接即可实现。网页上的内容可以以任何形式呈现（图像、文本、音乐等）。还有一些工具我们称为搜索引擎（谷歌、雅虎等），我们可以通过输入一些关键字来访问包含该相关信息的页面。

（2）聊天软件：聊天软件为用户提供了可以实时对话的平台。这些聊天软件通常按照特定的主题被分为不同的类别。可匿名性（用户大都使用昵称或化名）和即时通信功能使聊天软件成为互联网上最容易令人成瘾的工具之一。

（3）电子邮件：它可能是网络所提供的最普及和最有用的工具之一。它与普通邮件的功能相同，但同时具有前者无法比拟的巨大优势。

快速：消息在被发送的同时能立刻传送到另一个用户的账号。

免费：大多数邮件服务器都是免费的。

可靠：它通常无须经历各种复杂的情况便可到达另一个用户。

便利：它可以在任何电脑端上编写，收件人则可以在他自己的电脑或任何其他可以访问互联网的设备上接收邮件。

（4）文件传输：通过网络，我们可以访问存储在其他用户计算机上的各种信息。其中文件交换的可能性是无限的，无论是音乐、图像还是免费的软件。

（5）在线游戏：网络最具诱惑力的一点是它为用户提供了能够进行实时游戏的可能性。所有用户可以在一个虚拟世界中同时玩游戏，在这个虚拟世界中，他们创造自己的角色，通过电脑进行交流，同步推动游戏的进度。

这些应用程序在设计上有两个基本特征，这两个特征使互联网具有极大的影响力，足以令人痴迷。

交互过程中的匿名性。

在表达自己观点和感情的时候不受约束、无须谦虚、无须担心言论会受到限制，这也使用户有了一种安全和自由的感觉。但是这些感觉有时会使用户产生错觉。

互联网的利与弊

互联网是当今连接个人和工作的基本工具。它已经成为数百万人生活的基本要素，从年轻的学生到大公司的高管莫不如是。它的效用是多种多样的，在很多方面都有助于提高人们的生活质量。

在这一节中，我们将历数互联网对用户日常生活可能产生的积极影响；同时我们还将介绍一些互联网在用户个人生活发展方面的负面影响。

一方面，我们认可互联网的确提高了人们的生活质量。其中一些对人们有益的特点如下。

它为各种各样的人提供了"聚会"的场所。在那里，每个用户都可以找到与自己"投缘"的人，与他们分享品味和观点，还可以就不同的话题展开讨论，甚至可以安排约会来面对面地分享爱好。

互联网成为世界上最大的百科全书，通过互联网我们不仅可以快速找到任何类型的信息，还可以对信息进行验证。

互联网是一个我们可以与他人建立友谊和感情的场所，这些人是我们在其他地方通过任何方式都不可能结识的。在线聊天的自由体验使得许多社交能力缺陷者获得了一种更安全的交流方式，他们可以通过网络将自己完完全全地展现给对方。

互联网能够帮助我们找到并获得情感支持来面对生活中可能出现的各种问题。换作其他方式，我们恐怕连想都不敢想。

互联网是一个能够通往全世界、连接不同的文化、欣赏不同的景观和拥有全新经历的窗口。这也是我们很难通过其他方式实现的。

我们通过互联网能跟那些由于种种原因不得不背井离乡的亲人保持联络。

另一方面，我们也发现了这项新技术可能带来的一系列风险。

互联网把我们与很多我们并不认识的人联系在一起，我们甚至都没见过这些人。

匿名性这一特点也激发了互联网的许多不良用途。

通过互联网获取的多样化的信息让我们见识到了一些不寻常的行为（暴力、歧视等），而我们会选择将它们合理化。因此，虚拟世界与现实世界之间的界线可能会因此而变得模糊。

影音内容在互联网上迅速崛起和传播，这些内容一旦出现，我们就很难控制别人对其的使用。

互联网虽然存在一个看上去定义明确的法律框架，但实际它的界定非常含糊不清。因为音乐、电影和其他类型的文件的交换可能会涉及一些违法活动。

未成年人可以很轻易地访问一些不适合他们观看的网页。

人们只需要打开计算机便可获取大量丰富的信息，这一行为赐予我们虚拟权力的同时也会导致严重的行为问题，甚至最终会引发人们对其成瘾。

正如我们所看到的，在互联网中，我们看到了"同一枚硬币的两面"。互联网既是一个休闲和娱乐的场所，又是一个消遣和交往的地方，但在最坏的情况下，它也会变成引发严重的个人和家庭问题的元凶。总之，互联网和其他新技术一样，一切都取决于我们如何使用它。

善用、滥用，还是成瘾？

互联网为每个人提供了多种可能性，无论是作为无穷无尽的信息来源，还是作为建立和维持多种关系的手段，都已成为人们日常生活中的高效工具。但正是这种提供信息和建立联系的功能使它被人们过度使用、滥用或不受人们控制，从而对我们产生不利影响。

有些人因为喜欢玩电脑或迷恋上网而遇到真正的问题。然而，很多时候，对人们来说客观区分什么是正常使用、什么是滥用和成瘾是相当复杂的事情。很明显，滥用和成瘾之间的界线是根据人们的生活质量以及个人发展是否因此而受到影响来划定的。滥用和成瘾都是由于过度使用成瘾对象（互联网）造成的。

《屏幕友谊》杂志主编豪尔赫·弗洛雷斯先生为我们明确指出了滥用和正常使用之间的区别，他告诉我们可以建立一个被称为"ADN"的分级体系（A 滥用，D 犯罪，N 正常）。

滥用：有时会导致人们对互联网产生依赖，甚至导致健康问题（肥胖、发育不良、视力问题等）和心理问题（极端孤立人格、缺乏社会技能、畸形的价值观等）。

犯罪：这里指的是有些人利用互联网开展违反法律规定的活动。比如通过互联网侵犯他人的人身自由。

正常：在使用（滥用）或意图（犯罪）方面没有实质的缺陷。

从正常使用到滥用，似乎遵循了一个明确的过程，这个过程将最终决定一个人是否会走向滥用甚至对互联网产生依赖。

当一个新用户在互联网上发现新的资源时，他会陶醉其中，从而开始一段"沉醉期"，其特点是明显延长使用时间；在第二阶段，大约3到4周，沉醉期过去后，此时的用户能够更客观地看待互联网，并相应地减少上网时间；最后，用户将进入一个稳定的阶段，这时互联网会融入到用户的日常活动中，用户会在这项新技术给他带来的兴趣中找到一个合适的空间。这个过程是正常的，我们不应担心最初的沉醉阶段。但是在一段时间后，第一阶段沉醉期并没有消失，或者用户寻找并发现了新的工具或活动来维持互联网为他带来的"快感"时，问题就来了。

总之，我们认为，正常使用互联网的时长绝不可以大幅度地超过用于其他日常活动的时间。这其中可能包含相对较长的一个时间段，在这期间我们会对互联网的某个功能产生浓厚的兴趣，但不包含任何有犯罪倾向的用途。

相反，滥用互联网的时间远超投入到其他日常活动中的时间，并且上网成为我们生活中最重要的部分。当这种生活开始对我们的人际关系产生负面影响时，我们便可以将它界定为成瘾。

网络成瘾

在大多数情况下，上网是一种能够满足人们不同需求并为人们带来多重满足感的活动。然而，这种本身愉快的活动有可能会演变为病态的行为习惯。因此，许多人最终可能会沉迷于互联网，他们会为自己设立虚假的身份，用虚拟世界来取代现实世界。成瘾是一种非正常的消费行为，上网时间持久到可以让一个人永久地坐在电脑屏幕前。

互联网使人成瘾的主要原因在于以下几点。

互联网越来越普及，人们能够从数百个不同的地方上网。

上网成本低。随着宽带网络和统一费率的出现，上网与其他类型的活动相比，成本非常低。

互联网应用广泛，且人们几乎不需要任何回报即可获得使用的体验感。就像电视一样，互联网给我们带来的满足感只基于我们相当低程度的付出，这是其他活动无法与之比拟的。

另外，互联网能够满足两种基本的需求。

单独刺激（搜索信息、图像、音乐等）。

由于互联网的特点，人际互动的需求以无数种形式呈现。

因此，网络成瘾可能会因为其他因素变得严重。杨在1999年提出了以下4种网络成瘾的形式。

形式	应用	内容
网络色情成瘾	成人网页	淫秽色情
网络社交	讨论组、聊天工具、电子邮件等	与其他用户交流
网络推送	网页，主要是商业广告	赌博、电子商务、拍卖
搜索框和"网虫"	搜索器、FTP及TELNET	只是漫无目的地在网上冲浪，并没有一个针对的目标

*来源于：MADRID LÓPEZ, R. I.（2000），La adicción a Internet, Psicología Online. www.psicologia-online.com

人们对互联网的依赖是一个逐渐形成的过程。人们最初的表现为强制检查电子邮件或建立特别长的链接。原本的业余爱好变成了用户生活的一部分。人们上网不是为了获取信息，而是为了获取及时的满足感以及逃避问题。所有这些都体现为用户心理上的变化，这些变化会变得越来越强烈且反复，比如在上网之前表现出情绪波动、焦虑、不耐烦，以及易怒和注意力集中（用户的眼睛只盯着电脑屏幕上的内容）。

网络成瘾的其他典型症状如下。

削减自己的睡眠时间（睡眠不足5个小时），为了腾出更多的时间来上网。

不顾其他的重要活动，比如陪伴家人、维持社会关系或完成学校的作业。

经常遭到来自身边的人对于他上网的抱怨。

用户即使不能上网也会不停地想着它。

会主动尝试限制上网时间，却屡屡失败。

杨和戈德伯格一起提出了一系列诊断标准用来判断某人是否已经对网络成瘾，这些标准如下。

（1）耐受性。它指的是需要大幅增加上网时间，以获得跟之前同样的满足感。用户上网的时间越来越长，满足感却越来越低。

（2）戒断。用户在无法上网的情况下是否表现出以下任何一种症状。

·强烈的思维动荡；

·焦虑不安；

·对网上正在发生的事情抱有臆想；

·产生与网络相关的幻觉或梦境；

·自主或非自主地做出打字的动作。

另外，用户使用互联网不再是为了娱乐，而是为了缓和这种戒断带来的不适感。

（3）相比预期的上网计划，用户上网更加频繁或者上网时间更久。

（4）对于控制或中断上网行为保持积极的意愿，但却往往是徒劳无功的。

（5）在与互联网相关的活动上花费大量时间（例如在网上购买书籍、试用新的浏览器、咨询网络供应商、整理文件或下载资料等）。

（6）其他社会的、职业的或娱乐的活动均因上网而减少或终止。

（7）尽管用户认识到互联网所带来的负面影响（如睡眠不足、交友困难、放弃学业、与朋友和家人变得疏远），但仍继续上网。

我们也制作了一个简单的问卷来帮助大家确定自己或他人是否成为网络成瘾的受害者。每一个肯定的答案都等于1分。获得5分或以上的分数则表示确实存在这个问题。

（1）你是否因为上网而感到担忧（想着上一次上网，又期待着下一次上网）？

（2）你是否觉得有必要增加上网的时间，以达到跟之前相同的满意程度？

（3）你是否曾多次努力减少上网时间或停止上网却仍旧无能为力？

（4）当你试图控制或停止上网时，是否会变得不安、暴躁、沮丧或易怒？

（5）你上网的时间比最初设想的还要久吗？

（6）你是否因为上网危及或失去了某些重要的关系，或者失去某份工作、教育及就业机会？

（7）你是否对你的家人、治疗医生或其他人撒过谎，以掩盖你对互联网的热衷程度？

（8）你是否把上网作为逃避问题或缓解消极情绪（悲伤、焦虑或易怒）的方式？

就像所有的网络成瘾患者一样，人们倾向于对他们的网络成瘾予以否认。一些数量上的变量（如上网时长）是我们判断某人是否有网络成瘾的依据。但它们效果并不明显，因为有一大部分人是由于工作原因才花费大量的时间去上网的。因此，合理的测试对于检测人们是否有网络成瘾有着极其重要的意义。以下是埃切布拉教授于2000年发表的一份报告，它强化了初期诊断的准确性，因为这一报告中提出了网络成瘾前期的风险，这有助于使专业人员的工作更富有成效。

（1）你花在网上的时间比你预期得更久吗？

（2）你认为减少自己的上网时间很困难吗？

（3）你的家人抱怨过你上网的时间太长吗？

（4）对你来说连续几天不上网很难吗？

（5）当你花很多时间上网时，你的人际关系会因此而受到影响吗？

（6）网络中是否存在令你难以抗拒的内容？

（7）你是否能够控制在线购物或接受服务的冲动？

（8）你曾尝试过减少上网的时间但却徒劳无功吗？

（9）你生活中大部分的乐趣都是从上网中获得的吗？

如果你的答案中包括1到3个肯定回答（是的），那么这表示你没有网络成瘾的风险；包括4到6个肯定回答说明你有网络成瘾的风险，是时候该采取行动了；超过6个肯定的答案表明你确实有网瘾。

互联网令人成瘾的原因并不在于互联网本身。我们在进入下一章之前，想要强调一系列强化点和心理机制，它们才是导致网络成瘾的真正"元凶"。

让人成瘾的应用：最容易使用户沉迷的是那些让他能够与别人互动的应用。有一定网瘾的用户热衷使用此类应用程序来结识新朋友并开展社交活动，而对上网没有依赖的正常用户则用它们来维持现有的人际关系。

来自社会的支持：在互联网上迅速建立有共同利益的团体，这在很大程度上满足了这些用户的社会支持需求。

性满足：一些用户会通过非法访问色情网站浏览不良视频和小说，参与成人话题讨论等方式来获得性满足。一方面是因为网络上信息冗杂、非法色情网站难以根除，另一方面是因为用户自身缺乏自制能力和法律意识。

创造虚构人物的可能性：创造的一个具有个人特征并符合用户品味的虚拟人物具备巨大的潜力，它能吸引许多新的用户。互联网的匿名性让我们成为我们想成为的那个人。

认可和权威：这主要源于参与在线团队游戏，我们在与其他玩家竞争时能够获得权力和地位。

正如我们所看到的，网络能让我们毫无掩饰地成为自己想成为的人，能让我们获得社会地位并与成百上千的人建立联系。但有时，上网是无法控制的行为，并且会对人们产生极其负面的影响。

在接下来的一节中，我们会提出一些基本的指导方法，教大家以一种健康的心态看待互联网为我们创造的这个新的虚拟世界，这样大家就可以成为现实世界中真正的主角，而不仅仅只是活在虚拟世界之中。

在我们继续之前，想先向诸位介绍以下内容，其中包含了最典型的指标、表象和症状，以帮助大家判断自己是否已对网络成瘾了。需要注意的是，最终的诊断还是应该听取专业人士的意见。这些用作参考的指标通常需要依赖专业人士的意见才具备有效性。

干扰到家庭的正常活动，比如无法按时吃饭、耽误做家务活等。

不在意个人形象：越发地不注意个人卫生。

社交方面出现问题：不再与亲近的人见面，除了家人之外不和朋友见面，只通过互联网与他们保持联系。

忽视学业：学习成绩大幅下降。

反复提及与互联网相关的问题：谈论新应用、游戏、电脑等。

对编写和回复电子邮件表现出过分的兴趣。

在链接失败或者网速差时会表现得易怒。

一而再、再而三地强调这是最后一次上网。

为了有更多的上网时间而明显改变自己的生活方式。

身体锻炼明显减少。

在下一节，我们将为大家介绍有关如何正确地对互联网负责并健康地使用它的一系列基本准则。

当家长无能为力时，有什么积极的措施？

在新信息社会，互联网是一种非常有用的工具，它在人们日常生活的各个领域都是广受认可的。对于互联网的用途，社会上大多数人都是几乎无法抗拒的。在这一节中，我们将介绍一些关于如何适度、负责地使用互联网以及掌控它的基本指导方法。

关于如何正确上网浏览的基本标准如下。

设定使用互联网的时间表、限制内容和规则。只在下午上网，不超过一个小时或一个半小时，绝不向陌生人提供地址或电话号码。

以正确的标准和价值观上网来避免潜在的风险，这是正确使用网络的基础。不要回复那些带有人身攻击性的消息；不要进入会造成大笔开销的网页;在进入那些看起来"可疑"的网页之前,要先查询一下它们所包含的内容(恐怖、色情或暴力)。

一个比较好的方法是把电脑放在家中的公共区域。不要放在单独的房间里,尤其不要放在孩子的卧室里(除非孩子符合一定的年龄)。

重要的是家长要花时间和孩子一起上网。这样你们既可以了解孩子的兴趣,同时也能让他们知道你们对什么内容感兴趣,最重要的是,你们要与孩子分享这段宝贵的时间。

家长上网的目的要明确,一定要避免漫无目的地上网。有目的的上网最终会变成一种良好的上网习惯,让你们能有时间去做其他的事。

家长必须鼓励孩子秉持一种批判的精神上网,鼓励他们深入研究任何他们感兴趣的话题。

家长要设法让孩子真正意识到跟网友约会可能会带来的风险,你们可能会遇到一些令人不快的"惊喜"。不要忘了,匿名性和虚构人物是互联网的关键因素。

家长必须保证孩子不会花费过多的时间上网,并且上网必须在完成学业和家庭任务之后。

家长要鼓励孩子多开展替代上网的其他活动。

家长必须要让孩子明白互联网本质上是一种信息工具,而不仅仅是与朋友聊天的软件,这一点很重要。家长必须向孩子表明自己对聊天软件的理解,但也必须告诉他们,互联网在丰富知识面的同时也提供了很多的可能性。你们要保持一种负责任和适度的态度上网,这样你们就不会被那些海量的、根本不感兴趣的信息所束缚。

以上是关于如何负责任且适度利用互联网这个交流和信息工具的基本指导方针。

切记,孩子时常会在互联网上寻找那些家庭无法给予他们的陪伴或支持。如果家长让他们感觉自己并不是孤独无助的,那么他们就不会再去虚拟世界寻求另一种安慰了。

第 五 章

电子游戏

导言

电子游戏这个掌控着当今这个发达世界最多资金流动的行业几乎与计算机同时出现在信息时代。

电子游戏成了最受孩子青睐的娱乐方式，孩子在屏幕前一坐就是几个小时，努力打败他们的敌人，或者在比赛中用幻想中的赛车与他们的对手同场竞技。

电子游戏变得越来越精致，越来越复杂，越来越让人难以自拔。让这个科技产业得以驱动巨额资金的原因如下。

它是在家里就可以轻松开展的休闲娱乐活动，而且相对比较经济实惠（在某些情况下，购买游戏手柄的价格甚至低于生产成本）。

它为人们提供了团体游戏的机会（通过多个游戏手柄），人们可以通过网络和其他用户一起打游戏（通过互联网发起的游戏比赛）。

一些游戏带来了程度很高的刺激体验，玩家可以参与"特殊任务"或"故事情节"。在这种刺激体验下，不同角色的身份显得格外重要。

它使得玩家可能在某些技能上领先于团队中的其他人，玩家按照获得的分数换取相应的身份地位。

这种娱乐活动为玩家提供了持续的挑战并不断增加难度，直到玩家最终通关。

它通常需要玩家高强度且快速的活动，持续的刺激会让玩家产生高剂量的肾上腺素。

我们会发现一些年轻人很懂得充分利用这些休闲和娱乐工具来发展不同的技能，并与其他玩家分享和互动。但同时也有另外一些年轻人，当他们在自己的房间里的电脑屏幕前独自度过若干小时的时候，也逐渐失去了与现实世界的联系。

近年来，电子游戏在儿童和青少年人群中取得了迅速的传播，这在家庭内部和学术领域都引起了人们广泛的关注。

一些对头条新闻趋之若鹜的媒体开始大肆渲染电子游戏威胁论,他们指责这个行业创造了一个个生活在充斥着暴力和虚情假意的虚拟现实中的年幼的瘾君子。然而,在大多数情况下,电子游戏在青少年的生活中不过是一种有着些许重要性的娱乐手段而已,尽管在某些情况下,它可能会成为我们成瘾的对象,会影响我们生活的各个方面。

关于这项技术的用途正确与否,人们形成了两种不同的阵营。一些人强烈主张将电子游戏当作休闲和激励的工具,甚至赞扬电子游戏对玩家的智力发展在某些方面有着积极的作用;另一些人则认为电子游戏是困惑和麻木新思想的源头,它可能会在未来掌控这个世界。

电子游戏和孩子:情感和作用

在短短几年的时间里,我们的娱乐方式从20世纪80年代的二维游戏变成了主宰我们电视屏幕的震撼的三维游戏。在新一代的电子游戏中,玩家将体验一种新奇的虚拟现实,这种虚拟现实甚至在某些情况下与现实世界惊人的相似。

今天,我们拥有多种游戏模式,它们的功能各不相同。有些属于教育类型的电子游戏,有些被人们用来消磨时光,还有一些是为了打破根深蒂固的社会观点而诞生的。

接下来,我们将按照卡斯特利斯和博法鲁利两位专家在2002年的研究,介绍几种不同类型的电子游戏以及它们的特点。

(1)街机:这些游戏都是高速度、低策略、充满激情的游戏。它们易于操控,其中包括平台游戏、体育竞技类游戏和那些打完就忘的游戏(游戏的主要目标是消灭敌人)。

(2)模拟器:这些游戏模拟现实生活,需要较强的学习能力。它们通常以纯休闲为目的,并不传递任何价值观。其中包括工具模拟器(飞机、船只)和情境模拟器(主要是运动),或者创建自己的社会,用户在其中是一切的主宰者。

（3）即时战略：在这些游戏中，战略、决策、抗压操作和提出假设是突破不同关卡的关键，通常这些游戏也是最耗时的。其中包括所谓的图像冒险游戏（我们在不同的冒险中控制一个角色，直到实现最终的目标）、角色扮演游戏和即时战略游戏。

（4）棋盘游戏：游戏还是一如既往的风格，只不过在这个时代背景下，现实中的棋盘已经被屏幕中的游戏所替代。

正如我们上面提到的，在电子游戏的支持者和那些"妖魔化"电玩的人之间存在着巨大的争议，后者认为电子游戏只会窃取年轻用户的时间和精力。

电子游戏的反对者们认为，花时间打游戏是在浪费本该用于其他更有益处的活动（比如学习或体育运动）的宝贵时间。他们还指出，在社会中被孤立是这些玩家们唯一的结局。他们还指出，游戏中的暴力场面（可能是一些游戏的主要目标）可能会使孩子更容易接受暴力的事物。

反对阵营提出的另一个观点是社会关系和社交能力需要以一种健康的方式发展，艾斯塔尧指出，"我们在消灭敌人的时候是无法发展我们的社交能力的"。

最后，现有的针对电子游戏最多的批评是游戏会使人成瘾。这一行为会抑制青少年发展其他更有建设性的行为模式，还会严重影响玩家的身心发展。

而另一边的，是无数电子游戏的支持者和拥趸。这个阵营提出的观点，包括一些人指出的电子游戏使其玩家有了一种掌控感。而这种感觉可能会对那些缺乏社交能力的人产生积极的作用，同时也会给玩家带来一种格外的满足感，而这种满足感是他们在生活中的其他方面无法获得的。

另外，他们认为，人们花费在游戏上的时间能够有效减少其他的问题行为（比如吸毒、破坏狂等）出现。操控此类游戏需要的手眼协调的技能提供了一种用户今后可以开展手工技能活动的很好的学习方式，这是必要的。电子游戏还可以开发空间视觉能力和解决问题的替代思维。

在学习方面，由于电子游戏蕴含多种挑战，因此，这些游戏不仅可以被当作一种理想的学习方式，而且还可以激发玩家的创造力和好奇心。

在很多时候，掌握了某些电子游戏的技能可以赋予那些优秀的玩家在他们的群体中更高的地位，从而对那些在其他领域很难脱颖而出的玩家在自尊心方面产生积极的影响。

总之，尝试这些电子游戏为我们认知这个信息技术的世界提供了一种准备或预先适应的形式。

正如我们所看到的，关于电子游戏对年轻人是有利还是有弊的争论仍在继续，而且似乎很难达成一致。有些人认为这是一种健康的消遣，而另一些人则认为这是在浪费生命。一边的批评者认为电子游戏限制了人们基本的认知能力，而另一边的辩护者则认为电子游戏发展了其他更为复杂的认知能力。因此我们可以无限期地将这种争论继续下去。

事实上，电子游戏经常呈现出过于简单化的现实模型：男人永远强壮好斗，女人（除了一些例外情况）都是美丽大方的，好人永远是美国人，坏人一直是"第三世界"国家的人……在大部分情况下，这种简单化的概念可能会给年幼的孩子的头脑灌输一种混乱和扭曲的现实（就像电视一样）。总之，家长要有责任地为孩子提供有效的工具，以一种负责任的、以娱乐为导向的方式来看待电子游戏，这才是创造它们的初衷。

重要的是要让这些游戏的主流制造商承诺去开发一些更有创造性和教育意义的电子游戏，这些电子游戏要反映更多的人性世界，要充满趣味和有教育意义的观点，同时也要避免那些过于简单化的模式和刻板印象。

家长的责任是教育子女并帮助他们建立正确的玩游戏的基本准则，我们将在本章的最后一节讲到这个问题。在此之前，我们先简要浏览一下饱受争议的电子游戏成瘾问题吧。

电子游戏成瘾

当一个人需要某种特定的激励来获取舒适感或避免不适感时，就会产生一种精神依赖（心心念念着成瘾对象）或身体依赖（身体感到不适）。这就叫成瘾。

关于精神依赖，特别是在"技术成瘾"的情况下，不间断地使用某个电子产品，被认为是对新科技成瘾的明显症状之一。目前还没有关于可以通过使用频率和使用时间来判断某人是否对电子游戏成瘾的定论。但已经被证实的是，当一个人屏幕互动的习惯或持续行为会对这个人日常活动产生负面影响时，即被认为是成瘾的症状。

至于电子游戏成瘾，要做出诊断则更为复杂，正如安东尼奥·卡斯塔诺斯指出的那样，电子游戏有两个本质特点可让人不断重复这一行为。

可玩性：随着电子游戏的技术含量越来越高，它的逻辑性和流畅度得到了快速的发展，其可玩程度能够覆盖并适合任何年龄段的孩子。

易成瘾性：除了上述的技术特点，以及这些游戏提供的高水准的竞争力之外，再加上新的、更真实的音效，超现实的图像……它就能让你越来越想继续玩下去。

由于很难判断孩子是否已经对这些电子游戏成瘾，所以家长必须留意孩子是否出现以下一系列症状，因为这可能意味着孩子已经对电子游戏成瘾。

尽管家长已经提醒孩子很多次，或者即便已经和他商量好固定的游戏时间，但他仍旧无法按时放下手柄。

孩子把所有的钱都花在购买游戏手柄和电脑的配件、游戏机和附属品上。

孩子所有的喜怒哀乐都是因为电子游戏。

必要时，孩子会撒谎向家长要钱，甚至偷窃，目的是得到足够的钱来满足他对电子游戏进一步的需求。

孩子把所有的空闲时间都花在了玩游戏上，甚至改变了他的某些生活习惯，这样他就可以有更多时间玩游戏（推迟午餐和晚餐时间，甚至干脆不吃饭）。

孩子把电子游戏作为逃离现实世界的手段。通过玩游戏，孩子可以发泄他所有的情绪：愤怒、恐惧以及不满。

孩子已经忘记玩游戏的初衷。过去常常玩得很开心，但现在，如果不玩，他就会很难受。他玩游戏的频率越来越高，方式也更具攻击性。

关于这些行为，家长可以观察到：

· 孩子玩游戏的时候很入神，不会去理睬任何人。

· 当孩子玩游戏时，会收紧下颚，他的肌肉显示出明显的紧张。

· 孩子无法把视线从屏幕上移开。

· 孩子会出现睡眠障碍：睡眠越来越少且质量越来越差。

· 家长也可以看到，这些行为和症状造成的影响最终会体现在孩子的学业和身体素质方面。

通过这些基本的行为，家长便可以判断孩子是真的对电子游戏成瘾，还是只是热衷于电子游戏而已。

上述最后一条特点说明了对电子游戏成瘾会对孩子生活的各个方面产生影响。也就是说，如果玩家持续地玩游戏，那么他会开始出现家庭、学业和社交（与其最要好的朋友）的问题。

我们应该记住，在大多数情况下，成瘾的原因通常隐藏于成瘾行为中。换句话说，如同其他的精神依赖一样，人们不是对电子游戏本身成瘾，而是对与它之间的依赖关系成瘾。

其中一些原因有以下几点。

依赖性人格：有些人由于其性格（内向、缺乏自尊心等）更倾向于对电子游戏产生依赖性。

家庭问题：夫妻间缺乏沟通或出现婚姻问题可能会以不同的方式影响孩子，使孩子趋向于在虚拟现实中重新创造一个更幸福美满的世界。

学校和社会问题：与朋友群体相处不融洽、孤独或缺乏动力可能是决定孩子成瘾的最终原因。

正如我们所看到的，家长必须做出努力来防止这种依赖发生在孩子身上，多去倾听他们、理解他们，可以遵循我们在下节将提出的一些简单的指导方法。

当家长无能为力时，关于合理玩游戏的建议

我们想强调的是电子游戏本身并不构成威胁，一切都取决于家长对它的使用和控制方式。因此，这一切都取决于家长同电子游戏的关系，这就是家长的义务所在。

在这一节中，我们将向家长和教育工作者提出一些基本建议，这些建议将有助于孩子与电子游戏建立一种以健康、休闲和娱乐为导向的正确的关系。

家长必须为孩子制定一个时间表，在这个时间表中公平分配游戏时间。例如，孩子必须完成所有的学校作业之后才能玩游戏，而且最好不要在周一至周五玩。

建议家长向孩子推荐一些其他有趣的活动来代替玩游戏，比如一些可以在家里或与朋友一起进行的活动。

将电子游戏作为孩子好好完成其他任务的奖励。比如，让他自己收拾好房间或通过某项考试。

控制孩子和他的朋友之间有关游戏的交流，这样家长就不必面对令人不快的情况。例如，孩子可能会在游戏中遇到与他的年龄不符或家庭价值观不一致的情况。

把游戏手柄放在家里的公共场所，并和孩子分享，这将帮助家长更好地了解孩子的兴趣。

家长必须明确孩子合理玩游戏的频率并限制孩子玩游戏的时间。比如，不准他在工作日玩游戏，每次玩游戏不准超过一个小时或一个半小时。家长要记住，在大多数游戏中，一些比赛是需要孩子与朋友共同完成的，此类游戏的玩乐时间可以适当地延长一些。

家长必须避免孩子养成定时玩游戏的习惯，不要让孩子总是在同一时间和同一天玩。家长要努力把孩子玩游戏这一行为变成一个"特殊情况"。

如果你照着这些指导方针去做了，然后仍发现你的孩子可能存在成瘾的问题，那么请不要犹豫，尽快寻求专业人士的帮助。

第六章

手　机

导言

我们将在这一章从经济和社会的角度来说明本书中最重要的一个技术现象。新技术已经进入我们的生活，就像几年前的电视那样，随后电子游戏和互联网纷至沓来。但有一个元素出现得格外耀眼，那就是手机。

手机起初只是高管和专业人士沟通的工具。大家都可能在广告中见到过一个场景：一位身着西装，手提公文包的男士在纽约摩天大楼的阴影下通过手机进行交谈。令人惊讶的是，我们仅仅用了不到10年的时间，就从这幅充满未来主义的画面过渡到了现在每天身边有数十位朋友都在用手机打电话或发短信的现象。

手机不再仅仅是在特定时间被用作沟通的工具了，而是被人们用来传递感情，用来听音乐，用来获得地位，用来玩游戏以及用来保持与友人的联系。换作其他方式，想要完成这些事情是不大可能的。

手机具有多样化的用途，加上各厂商来势汹汹的广告宣传，尤其是在孩子当中，在家长的允许和监督之下，这个设备成了孩子生活中必不可少的工具。正如我们所预料的那样，如果我们没有对手机的使用给予足够的重视，它可能会给我们带来负面影响。

我们将在这一章为大家说明为什么手机会成为孩子生活中无比重要的存在。我们也会讨论一直饱受争议的手机成瘾问题，设法告诉各位家长通过哪些特点和症状可判断孩子是否已经成瘾，并说明手机成瘾的不良后果。最后，我们将按照之前的风格，教大家一些正确使用手机的基本原则，家长必须努力把这些使用方法教给孩子。

孩子的好朋友

手机包含在这些新的信息和通信技术中,与互联网有相同的聚合力,这一点正如我们在前面章节所述的那样,可在同一个终端上执行不同操作的可能性,如拍照、听音乐、交流等。

近年来,技术的进步使手机成为人们工作中的一种必不可少的工具。但与此同时,得益于直接广告(广告)和间接广告(电视剧和电影中的植入),手机已成为社会生活中不可或缺的因素,对于很多人,尤其是对青少年来说,手机成了他们建立和保持人际关系的主要载体。

手机已经成为青少年最喜欢的物品。它可以用来搭讪,也可以用来展示他们的身份和地位,同时它也是一个彰显时尚的配件。手机也可以用来提醒青少年不要错过任何一个派对。

青少年喜欢手机的主要原因是手机给他们的关系带来的隐私性。手机为他们提供了在绝对隐私的情况下拨打和接听电话的自主权。随着手机的出现,青少年已经实现了沟通独立,他们可以通过手机表达自我。他们也可以通过他们的手机品牌、型号、尺寸和配件向其他人展示他们是怎样的人以及他们的价值观。

一方面,手机在青少年同龄人群中扮演着一个整合者的角色。用户可以通过手机彰显身份、表达态度,而这种态度往往是源自各种广告宣传活动所激发的消费主义热情。

另一方面,手机的使用衍生出一种新的交流方式,它并非口头的,而是书面的——发短信。

这种新的交流方式正越来越多地取代普通的电话交流。在很多时候,短信的内容已经超越了信息的范围,转移到了情感层面。

短信受青少年青睐的原因有两方面。

一方面,是由于经济原因。发短信显然要比打电话便宜不少。

另一方面,它允许青少年规避成年人而进行交流,因为除了发信人和收信人之外，没有第三个人会知道短信的内容。当我们在电话里交谈时，附近的任何人都有可能听到我们的谈话。

这种交流方式已经成为年轻人最常用的方式，因为它是一种非侵略性的朋友间的交流方式。但它有时会导致沟通问题。由于发信人在编写消息时缺少语言表达、缺乏交流的语境，所以收信人可能无法捕捉发信人在短信中所表达的情绪，这对信息的接收产生了负面的影响。

下面让我们一起来回顾一下有关手机的功能。

手机能够让我们同我们的社交联系人进行持续和及时的沟通。

在我们生活的这个时代，手机为人们提供了必要的隐私性。

手机是一种用户彰显身份、表达自我的方式，这在当代社会是必要的。

手机能够使孩子在一定程度上实现独立。

根据手机的不同型号以及用户收到的呼叫数量，它能够赋予用户一定的社会地位。

一台手机即可满足人们在这个新的通讯和信息社会中创造的诸多需求（巨大的融合能力）。

手机的使用与滥用
——手机成瘾及其后果

正如佩雷斯和马丁所言，一个人可以在公园里打一整天的电话，大家通常认为这样的人是一个交际很广的人。人们正常使用手机并不是问题。因为我们可以用它来处理工作，或者因为我们可以用它与朋友保持联系，或者因为我们喜欢随时了解一些事。问题在于我们是否对于用手机来通话有迫切的渴望，以及我们使用手机是否只是为了缓解紧张感或者有意以此获得快感。让这个通讯渠道永久保持畅通是一些人一直以来的想法，而真正的问题就在于此。

手机成瘾并不是一个年代久远的现象，因为这种设备也不过是在近些年才出现的。但现在人们已经对手机成瘾有了不同的定义，并且其中包括了不同类型的成瘾，我们将在这一节为大家详细讲述。

与适度使用手机的用户相比，那些过分依赖手机的用户会对任何来自手机的信号保持一定程度的警惕。他们可以每天，甚至每一分钟如强迫症爆发般地不断查看他们的手机。

另外，这些手机用户的身上出现了生理和心理上的戒断综合征。当不能使用手机时，他们会表现出不安、焦虑、紧张和易怒的情绪。

正如我们在前面所述，当一个人因无法使用手机时会出现一种高度焦虑的状态，或产生一种强迫症式的需求，需要每时每刻都要使用手机，或者这个人已经意识到这样做会给自己带来不良后果但却无法控制自己的时候，这个人就已经对手机成瘾了。

导致手机成瘾的客观症状与下列方面有关。

无法控制或停止使用手机，不是人控制手机，而是手机控制着使用它的人。

尽管手机对个人的生活产生了种种负面影响，但使用手机的行为仍在继续。

在明确禁止使用手机的场合（学校）或不建议使用手机的场合（手机来电打断与家人或朋友的对话时），仍旧坚持使用手机。

手机的使用已经影响到了人们的健康。彻夜和朋友聊天会导致睡眠问题。

在家庭或学校场合使用手机会引发一系列相关问题。

手机账单与正常值相比费用偏高。

面对面交谈的社交能力明显低于正常水平。

如果不通过手机，他就无法表达自己的想法或感觉。

我们中的任何一个人都可能会对手机成瘾。有一些因素是先天的（缺乏社交技能、家庭问题等），但我们中的任何一个人都有可能在后天时常使用手机的过程中，坠入到这种错误的行为之中。

青少年尤其会受到这方面的影响。休闲和娱乐的想法总是与手机密不可分，再加上青少年体内每一刻都在释放激素，这种"瘾"患就有了完美的滋生地。

以下是一些手机成瘾者最突出的特点。我们没必要因此而感到惊慌失措，而是在此之前，先去咨询专家。

手机成瘾者的特征如下。

他们过于重视手机。他们的生活都围绕着手机转，每天想着最新的手机型号和配件。他们会频繁更换手机铃声，并试图充分利用手机的每一种用途。

任何时候他们总是手机不离手。

他们每天都把手机作为沟通的首要选择。

如果手机电池耗尽，他们会产生非常消极的情绪，变得焦虑不安，在极端的情况下可能会恐慌。当他们的话费余额不足时，他们也会出现同样的情绪。

他们对手机的使用远超出了实际需要，大都用于满足精神和情感需求。因此，他们对手机产生了依赖性。

他们把手机作为与他人建立联系的手段，在对话中总是会反复提到这个设备，总是试图将话题引向手机。

他们需要不断地与人联络，不断地检查手机，检查手机的铃声和通话功能是否正常。

他们迫切需要归属感。这部分人大多是情感上有缺陷的人，他们通过手机能看到融入群体的希望。

我们对手机成瘾进行了有趣的分类。这个设备为我们提供多种功能的同时也会导致不同的"瘾"患。

短信成瘾：成瘾者需要频繁地发送和接收短信，由于他们长期发短信，因此他们的拇指上会有老茧。在某些极端情况下，他们甚至可能会给自己发短信。

对新款式成瘾：有些人需要不断购买新款手机，每隔大约5个月就会换一部新型号的手机。

爱炫耀手机的人：指的是那些在挑选手机时非常注重颜色、设计和价格的人。为了让大家都能看到他们的新手机，他们每次在接听电话之前，都会让手机响好几声，通话时还会故意放大手机的音量。

游戏玩家：他们的特点是对手机上下载的游戏产生了浓厚的兴趣。这些人把他们的手机当成了游戏手柄，每天会花很多时间玩游戏。

SCE（手机开机综合征）：这些人惧怕手机关机或电量耗尽。

同所有的成瘾一样，手机成瘾也会对一个人的发展产生非常负面的影响，并体现在生活的各个方面。

社交行为锐减可能导致他们完全被社会孤立。

当他们的手机出现问题时，行为方式也会发生改变，变得焦虑、愤怒，以及我们上面提到过的"恐慌症"。

强迫症表现。他们会反复检查电话状态，或相隔一段时间发送短信。

在现实世界中他们与其他人的沟通会出现问题。

书面语言的问题。频繁写短信创造了一种新的语言，其中充斥着拼写错误。这对孩子的学习会产生不良影响。

通过手机聊天软件认识危险的人物，这也是最新一代手机的新功能之一。

更具攻击性。这是所有成瘾者的防御机制。

基本行为准则

手机成瘾是近些年才出现的问题。如果我们关注这方面的科学资料，就可以发现几乎找不到有关手机成瘾的预防和治疗方法。即便有，它们也是少数借鉴其他"瘾"患的干预方法。

然而，正是这种新的特性让我们在替这项新技术说好话的时候有了更令人向往的未来。正如佩雷斯和马丁所言，现在正是预防的好时机，因为在防止手机成瘾方面我们总是迟一步。学着去规划好休闲时间，去健康地与这项新技术相处，并用它来提高生活质量，这是教育的目标，家长应该传递给孩子。

建立自我控制模式，控制接听电话时所产生的焦虑，正确认识孤独及其后果，理解什么是负责地使用通讯方式，特别是要知道什么叫虚度光阴，这是家长必须灌输给孩子的一些基本原则。家长可以让孩子伴随着这种新技术的发展一同成长，而不是依赖于这种新技术。

以下是一些基本的教育指导原则，可以帮助孩子和手机建立一种积极的相处模式。

家长必须规定孩子使用手机的时间上限，甚至可以让孩子在周一至周五把手机留在家里，只使用固定电话与人保持适当地沟通。

设定手机费用额度上限可以让孩子更好地珍惜金钱。在很多情况下，应该由孩子自己来支付手机账单，这样一来他就会慢慢懂得金钱的真正价值。

家长要长期地鼓励孩子从事其他有趣的活动，这对他的个人发展起着非常积极的作用，同时也可以帮助他发现生活中的其他乐趣。

最大限度地延迟孩子拥有手机的年龄。

全家商定购买统一的手机型号，要在孩子的实际需要和理想之间寻求平衡。

在合理范围内允许孩子彰显个性。

明确孩子使用手机的实际需要和具体投入的时间。

明确规定孩子何时何地可以使用手机。

坚持实施所有这些原则，同时家长的行为不应与这些原则相矛盾。

只有遵守了这些原则，家长才能教育出善用新科技的下一代。家长不能忘记：你们有责任教育好自己的孩子，他们是未来社会的新一代公民，而新技术将在这个未来社会中发挥无比重要的作用。因此，与新技术建立健康的关系，尤其是在你们的幸福和科技发展之间保持一定的距离，是你们的孩子和所有人的孩子在生活中保持自己方向的关键所在。

第七章

教育措施

导言

在这本书中,我们讨论了新的"瘾"患——心理成瘾,以及电子产品成瘾的话题。

在每一章节,我们都努力地对导致这些病理行为的成瘾对象进行简要的描述。我们提供了帮助家长判断孩子是否成瘾的依据,也提出了一系列的教育指导原则,以指导家长来帮助孩子避免对电子产品成瘾,或者至少限制它们的负面影响。

我们将在这一章提供一系列将这些指导原则付诸实施的具体方法。我们会提出一些规则,以及如何更好地制定这些规则的方法。我们将介绍"学习心理学"领域认为对教育孩子最有效的主要工具。

我们所处的这个社会,被许多人称为"信息和沟通社会"。时代在变化,技术在进步,人际关系的形式也在不断地被重新定义,但家长的义务仍旧像多年前一样:培养、守护、陪伴孩子并为他的幸福不断地奋斗。

教育模式

在我们生活的这个崇尚自由的新社会里,孩子越来越要求自主,但是在很多情况下,由于个别家长的无知,自由和放任被混为一谈。在天平的另一端是专横的家长。那些仅仅是因为习惯将自己的意志强加于孩子,就因此限制孩子自主性的人,有的是出于恐惧,有的是源于文化条件或单纯的无知。这严重地限制了孩子的成长。

同限制自主性一样糟糕的是绝对的自由,它可能会导致孩子缺少正确的价值观或价值观扭曲,他们不懂得珍惜身边的人,也不懂得相互帮助。另外,极端专横可能会带来更糟糕的后果,比如把破坏主义当作身份的体现,以及严重的"社交关系赤字"等问题。

因此，正如安东尼奥所言，必须参考孩子的年龄以及随着年龄一同增长的责任来逐步地培养他们的自主性。

为了使这成为可能，家长行使适当的权威是非常重要的。这将使孩子安全地长大成人，同时又不失对自己和他人的尊重。

家长怎么能做到这些呢？第一步是家长间要建立明确的、具体的且一致的行为准则。为了使其发挥出效用，这些准则必须符合以下特点。

它们必须是符合现实、适合孩子的年龄和特征的。你们不能指望一个小男孩自己知道什么节目或电子游戏适合他。身为家长，你们必须事先了解哪些内容是最适合孩子的。

它们必须简明扼要，这是毫无疑问的。例如"电视机应该在十点关闭"，或者"永远不可以在没得到大人允许的情况下独自上网"。

孩子必须完全理解这些规则的内容，并知晓不遵守这些规则的后果是什么。

规则一旦制定，孩子就要持之以恒地执行。这些规则必须平等地适用于所有的情况和人。

同时，家长自己也要遵守规则。如果你们决定在晚餐时不看电视，或者在家里不使用手机，那么你们自己也必须遵守这些规则。这样，孩子就会明白，在家里他的重要性和参与度同其他成员是一样的。

卡斯达尼奥斯也为家长提供了一些实施这些规则所使用的措施，这些措施均基于"学习心理学"的原则。

（1）强化：对某一行为的回应，这个回应增加了重复该行为的可能性。它的意思是，当一个孩子表现得好，作为奖励家长会给他某样东西（可能是物质，或只是口头表扬），或者当他表现得被动时，家长绝不让他做他不喜欢做的事（例如，可允许他不吃那些他不太喜欢吃的东西）。为了使这个措施有效，家长应该做到以下几点。

·在问题行为出现后立即采取措施。

·措施要专门针对特定的行为。

·对孩子来说措施必须是清楚明了的。家长必须告诉孩子为什么奖励他。

（2）惩罚：其目的是消除孩子的不良行为。这主要针对那些孩子违反规定的行为。同时只有当它具有与强化措施相同的特性时，才能最大限度地发挥其功效。一定要记住，惩罚的对象不是孩子的人格（"你是一个笨拙的人"），而是他的行为（"你所做的是错误的"），要明确地告诉孩子，他具体犯了哪些错误。

（3）榜样作用：孩子期望并需要看到你们灌输给他们的价值观和你们的行为之间的一致性。作为家长，你们是他们从出生到青春期这段时间内的榜样。这就是为什么家长要确保自己的行为不违背自己定下的规则。另一重要的方面是，家长要主动帮助孩子发掘他们最喜欢的电视剧或电影中的榜样，并且建设性地批评那些与你们家庭教育的基本价值观相悖的人。

（4）替代学习（通过观察）：与榜样作用类似，孩子通过观察家长和其他人的行为来学习。通过电子游戏和电影，他们也可能接触到会对他们个人的发展产生负面影响的行为和价值观。例如，孩子会记住暴力是解决冲突的方式，这是相当危险的，在许多很流行的动作游戏中都不难发现这一点。此外，更危险的是，孩子知道这种暴力对他们游戏中的主角不会造成任何负面的影响。

（5）通过讲道理来学习：人是理性的动物，所以上面提到的措施对教育孩子是有效的，但相比之下，跟孩子讲道理是最有效的方式。家长通过给孩子讲道理，可以就未来共存和融合的基本价值观与孩子沟通，并进行谈判和对话。对孩子讲道理是重要的，但更重要的是要以一种孩子可以理解的方式讲道理（使用与他年龄相符的术语），同时要不断地鼓励孩子去表达（去倾听他并让他学会倾听）。

以上就是我们为大家推荐的措施。教育是一件表述衷情的事情，每个家庭都必须以最适合他们的方式教育孩子。我们的目标是为孩子提供更有效、更负责任、更健康的教育，最重要的是，引导他们成为对自己负责也对别人负责任的好公民。

第 八 章

家长提问

家长提问

在这一节中，我们将回答家长在教育孩子如何合理使用新技术时经常遇到的一些问题。

> 我儿子总是要求在他的房间里放一台电视（或一台电脑）。我应该给他买一台吗？

滥用新技术通常会对孩子的发展产生非常负面的影响。在许多情况下，它甚至会影响到家庭和社会关系。几乎所有的专家都一致认为，对孩子来说，在他自己的房间里有电视是很不利于他成长的。因为这意味着孩子会花更多的时间把自己关在屋子里看电视。这相当不利于他在家庭和社会层面的沟通，也不利于家长控制孩子收看的节目，以及这些节目中所传达的行为模式和价值观。

在很多情况下，孩子在自己房间里最想拥有的东西就是一台电脑。此时，我们的回答与电视的情况完全一样。如果孩子在他的房间里有一台电脑，并且可以上网，那么家长就很难控制他怎样去使用电脑，很难了解他访问了哪些页面，特别是很难控制他上网的时间。所有这些因素都可能导致孩子对新技术的滥用，以及更甚者，对它们成瘾。

> 我们应该在吃饭的时候开着电视吗？

这个问题的答案是个大写的"不"。我们当今生活的这个社会所留给我们的宝贵的家庭时间本就不多,此时绝不应该打开电视。在很多情况下,人们打开电视都是出于纯粹的无意识的习惯,或者就是为了有个背景音。

问题是,大多数电视台会选择在晚餐时播放新闻或者最流行的节目。在这种情况下,你们有两个选择:要么你们一致同意让孩子每天在晚间档和你们一起收看最喜欢的电视剧,要么你们把电视剧录下来,然后找个时间再一起看。

家长必须明确,如果你们选择前者,一定要全家达成一致意见,而且应该将这当作一个特殊的活动。

> 我们为了能安静地做我们自己的事,就让孩子自己去看电视。这样做妥当吗?

这对很多家长来说都是很常见的问题。我们在此想澄清一件事:看电视本身并没有对错,问题是孩子和电视之间的关系。如果家长把电视当作一个保姆,让孩子专注看它从而避免他打扰到自己做事,那么这种做法是不是显得过于自私了呢?因为家长的责任是教育和陪伴孩子,而不是让他们独自度过童年。

相应地,你们可以在特定的时间收看电视,比如在你们不得不进行一个孩子无法参与的活动时,可以给他播放一个有趣的、对他成长有益的节目或电影。但是我们必须强调的是,这应该是一种偶尔为之的策略,家长不应该让孩子习惯把电视变成他的"第二个爸爸或妈妈"。

> 我怎么才能知道电子游戏的内容或电视节目对我儿子来说是安全的？

家长可以通过查阅资料去了解都有哪些电视节目或网站对孩子是安全的。

另外，家长要习惯陪同孩子一起上网，这有助于你们了解哪些网页是适合孩子的。家长还要培养孩子的批判精神。这样可以使家长有多一些时间来陪伴孩子，这才是避免孩子误入滥用电子产品甚至陷入沉迷的最佳措施。

至于电子游戏，家长可以咨询买家，因为按照法律，所有的游戏都必须有一个代码来说明该游戏的适用年龄。

> 我们的儿子正值青春期，他宁愿整天待在他那被电子设备包围的环境中，也不愿和他的朋友们一起出门去玩。虽然我们现在已经知道了他这样做是有风险的，但还是不得不由着他这样做。我们该怎么办呢？

在这种情况下家长必须优先考虑孩子的发展。青春期是一个不断出现疑问的阶段，在这个阶段未成年人可能会遇到各种各样的威胁（比如毒品、酒精等），这些威胁与他的健康相关。但同时它也是一个找寻自我的阶段，这一过程只能通过与同龄人的日常交往才能实现。

在这个阶段，孩子会逐渐形成自己的个性，逐渐养成自己的品位和兴趣。如果他不尝试一番，又怎么去做选择呢？这就是为什么我们建议让您的孩子多出去玩玩，给他提供不同的活动选择，最重要的是，您要对他保持信心，陪伴他解决所有的疑问。这样，他自然就没有时间坐在屏幕前了。

> 我怎样才能控制我儿子浏览网站的内容？

您一定要注意不要让您的儿子独自上网，这是基本原则。如果即便如此还是不能避免他独自上网（因为他大部分时间需要独处，而您又没有办法陪伴），那么您至少要注意以下几点。

和他谈谈上网的副作用，聊聊那些不适合他年龄访问的网站，或者跟陌生人聊天的风险。

把您认可的网页添加到收藏夹中。

安装过滤程序以阻止他对某些内容的访问。您可以在所有的专业商店购买到这些软件，而且类型很多。

检查他的浏览历史，查看他访问过的页面。

> 我儿子的手机费是我给他付的，这样我就能控制他的话费了。我这样做对吗？

我们建议青少年自己支付自己的手机费。这样，他会认识到钱的价值，会慢慢培养自己的自主性，也会越来越有责任感。所有这一切最终都有助于孩子学会负责任地使用这些新技术。家长的每一个行动，都必须让他明白原因，否则往往会适得其反。

参考书目

• AJURIAGUERRA, J. de（1977）, *Manual de psiquiatría infantil*（4ª ed.）, Barcelona, Masson.

• ALONSO–FERNÁNDEZ, F.（2003）, *Las nuevas adicciones*, Madrid, Ediciones Tea.

• BERMEJO, J.（2006）, *Mi hijo y la televisión*, Madrid, Pirámide.

• CASTELLS, P. yBOFARULL, I. de（2002）, *Enganchados a las pantallas: televisión, videojuegos, Internet y móviles*, Barcelona, Planeta.

• ECHEBURÚA, E.（1999）, *¿Adicciones sin drogas? Las nuevas adicciones: juego, sexo, comida, compras, trabajo, Internet*, Bilbao, Desclée De Brouwer.

• FERRERÓS, María Luisa（2005）, *Enséñale a ver la tele: la guía útil para enseñar a tus hijos a ver la televisión*, Barcelona, Planeta.

• GUERRESCHI, C.（2007）, *Las nuevas adicciones*, Buenos Aires, Editorial Lumen.

• JARQUE GARCÍA, J.（2007）, *Los juguetes, Internet y el tiempo libre*, Madrid, Grupo Gesfomedia.

• MARTÍNEZ, F.（2005）, *Mediación entre niño y TV. Lo que los padres podemos hacer*, Madrid, EOS.

• PÉREZ DEL RÍO, F.yMARTÍN, I.（2007）, *Nuevas adicciones: ¿adicciones nuevas?*, Guadalajara, Intermedio Ediciones.

• YOUNG, Kimberley S.（1999）, *Internet addiction: The emergency of a New clinical Disorder*, Ciber Psychology & Behaviour, Vol. 1, nº 3, 237-244.

• YOUNG, Kimberley S.（1996）, Psychology of computer use: XL Addictive use of the Internet: A case that breaks the stereotype, *Psychological Reports*, nº 79, 899-902.

En Internet:

• ALBERO, Magdalena（2002）, Adolescentes e Internet. Mitos y realidades de la sociedad de la información（en http://www.ehu.es/zer）

• CASTAÑOS MONREAL, A.（2008）, Patologías Emergentes.Tecnodependencias: el móvil, los videos juegos e Internet（en www.adolescenciasema.org/ficheros/curso_padres_VI/6_patologias_emergentes_tecno_dependencias_antonio_castanos.doc）

• CEMBRANOS, F.（2004）, Televisión, interacciones sociales y poder（en www.rebelion.org/noticia. php?id=10013）

• DE LA PUENTE, María Paz（2006）, Teléfono móvil. ¿Una adicción?（en www.nortecastilla.es/prensa/20061205/articulos_opinion/telefono–movil–adiccion_20061205.html）.

• ESPINAR, Eva, GONZÁLEZ, María José y FRAU, C.（2007）, Jóvenes entre pantallas. Resultados preliminares（en www.unav.es/fcom/cicom/2006/docscicom/1_ESPINAR_GONZALEZ_FRAU.pdf）

• ESTALLO, J. A.（1997）, Psicopatología y videojuegos（en www.ub.es/personal/videoju.htm）

• FLORES, J.（2008）, Decálogo para que su hijo tenga problemas relacionados con Internet（en www.pantallasamigas.net/proteccion–infancia–consejos–articulos/pdfs/pantallasamigas–decalogo–para– que–su–hijo–tenga–problemas–en–Internet.pdf）.

• FLORES, J.（2008）, Tecnoadicciones（en www.pantallasamigas.net/proteccion–infancia–consejos–articulos/tecnoadicciones–ciberadiccion.shtm）

• FLORES, J.（2008）, Uso de Internet por los menores. ¿Ocupación o preocupación?（en www.pantallasamigas.net/proteccion–infancia–consejos–articulos/pdfs/pantallasamigas–uso–de–Internet–por–los–menores–ocupacion–preocupacion.pdf）

• GOLDBERG, I.（1995）, Internet addictive disorder（IAD）diagnostic criteria（en www,psychom. net/iadcriteria.html）

• MADRID LÓPEZ, R. I.（2000）. La adicción a Internet. Psicología Online（en www.psicologia–online.com/colaboradores/nacho/aInternet.htm）

• VERA, Rosa, Adicción al teléfono móvil（en www.psicologia–online.com/autoayuda/adiccion–movil/adicion_telefono.shtml）

• VILLANUEVA, B.（2008）, Adicción a Internet（en www.monografias.com/trabajos6/adin/adin. shtml）